Christian Étienne

Die provenzalische Küche

von gestern und heute

65 Rezepte

Fotografien von
Didier Benaouda

Editions OUEST-FRANCE

INHALT

Vorwort

Natürlichkeit, Akzentuierung und Freundschaft – das ist es, was die Haute Cuisine auszeichnet. Der Küchenchef Christian Étienne, Betreiber eines Restaurants in Avignon, das bei Feinschmeckern als Geheimtipp gilt, bringt die Natürlichkeit mit, die es braucht, setzt seine ganz eigenen Akzente, und was die Freundschaft angeht, gibt er gern und aus vollem Herzen. Sein Naturell ist ebenso provenzalisch wie sein Akzent und seine mediterrane Gastfreundschaft geradezu sprichwörtlich.

Die Provence ist ein an sich eher nüchterner Landstrich; ihr betörender Duft ist es, der in Erinnerung bleibt. Als Christian Étienne im Intercontinental im Team des Starkochs Pierre Gagnaire arbeitete, hatten die beiden reichlich Gelegenheit, sich auszutauschen: über Lammfleisch, Meer- und Wolfsbarsch, Kräuter der Provence, Olivenöl, kleines Gemüse und andere von der Sonne verwöhnte Produkte, die sowohl leicht als auch geschmacksintensiv und nur südlich von Montélimar und sonst nirgends zu finden sind.

Étienne hat seine Nostalgie in der Betriebsamkeit der Papststadt Avignon kultiviert und dabei viel gelernt, denn man lernt ständig hinzu, wenn man sich eines großen Erbes bewusst ist. Étienne ist in seine Heimat, sein „Terroir" zurückgekehrt, in die Provence, wo Tomaten und Trüffel unter der Sonne reifen und der Mistral nicht nur die Luft, sondern auch die Köpfe und Herzen der Menschen läutert. Étienne ist zurückgekommen, um seiner Provence und den Menschen Ehre zu erweisen, die maßgeblich waren für seine Berufung und seinen Beruf zugleich, nämlich seine zwei Großmütter und seine Mutter, die die Familie mit allem verwöhnten, was Feld und Garten zu bieten haben, und natürlich auch mit viel Liebe

Als Finalist des Wettbewerbs „Meilleur Ouvrier de France", bei dem der „beste Handwerker Frankreichs" gesucht wird, bereicherte Étienne die Küche der Provence - mit dem Raffinement der Haute Cuisine, seiner ganz besonderen persönlichen Note und natürlich seiner Klasse!

Seine liebevoll zubereiteten Gerichte wie die berühmten provenzalischen Petits Farcis und andere kulinarische Köstlichkeiten, werden auch Sie für die provenzalische Küche begeistern. Der Meisterkoch gibt Ihnen eine Einführung, und das auf gleichermaßen liebenswürdige wie dezente Art, denn die Menschen der Provence sind freundlich, dabei aber auch wohltuend unaufdringlich.

Sie werden entdecken, worin das Geheimnis einer guten Ratatouille oder einer raffinierten Brandade, aber auch das so einfacher Genüsse wie mit Olivenöl verfeinerter Kichererbsen besteht. Bald schon werden Gerichte wie Pinienkerntarte oder Rotbarschfilet mit Artischocken ganz selbstverständlich Bestandteil Ihres Repertoires sein. Und wenn Sie Ihren Freunden zum ersten Mal Fenchelsorbet servieren, werden alle sich darüber einig sein, dass Ihnen die „Toque de Chef" - die Kochmütze - ganz hervorragend zu Gesicht steht ... Nach und nach werden Sie dann auch Ihre eigenen Akzente setzen, die Camargue und die Heidelandschaften der Provence kennen- und schätzen lernen, und natürlich das, was sie im Innersten ausmacht, nämlich ihre Aromen und Düfte! Und nun frohgemut an die Töpfe und Pfannen - und bon appétit!

Robert Ledrole

Aperitifs

Kichererbsenpüree mit Paprika

FÜR 6 BIS 8 PERSONEN
Zutaten :
250 g Kichererbsen, im Wasser gegart
2 oder 3 Knoblauchzehen
Saft von 2 Zitronen
1 Esslöffel Olivenöl

1 Prise Paprika
1 Esslöffel Petersilie
Geflügelbrühe
Sesam
Cayennepfeffer nach Geschmack
Salz

* Die gekochten Kichererbsen mit einer Gemüsemühle zermahlen. Zitronensaft, zerdrückten Knoblauch, Gewürze und Geflügelbrühe untermischen. Das Püree darf nicht zu fest sein.
* Bei schwacher Hitze erwärmen.
* In einer großen Schüssel mit Paprika und gehacktem Petersilie bestreut anrichten.
* Mit dem Olivenöl begießen und mit gerösteten Sesamsamen bestreuen.

Dieses Gericht ist als Appetitanreger geeignet, der zum Aperitif - mit gerösteten Brotscheiben und einem guten Weißwein - gereicht wird.

Tapenade

FÜR 6 BIS 8 PERSONEN
Zutaten :
200 g schwarze Olivenpaste
50 g Anchovisfilets

50 g in Öl eingelegter Thunfisch
100 g Essig-Kapern
1 bis 2 Löffel Olivenöl je nach Konsistenz

* Die Zutaten im Mörser zu einer feinen Paste zerstoßen.
* Zuletzt das Olivenöl zugeben.
* In einer gut geschlossenen Schüssel aufbewahren.

Anchovis, mit Zitrone ▶ und Kräutern mariniert

Zutaten :
Anchovis oder Sardinen
Saft von 1 Zitrone
Olivenöl

Petersilie
Kerbel
Schnittlauch
Salz, Pfeffer

* Die noch ganz frischen Anchovis filetieren und auf einer Platte dekorativ anrichten. Salzen, pfeffern und mit Zitronensaft beträufeln.
* Den Zitronensaft einige Minuten einziehen lassen, dann die Anchovis mit einem guten Olivenöl übergießen.
* Petersilie, Kerbel und Schnittlauch fein hacken und hinzufügen.

Das Rezept enthält keine Mengenangaben, da man so viel zubereitet, wie verzehrt werden kann; dazu werden einige Scheiben geröstetes Landbrot, die noch warm sein dürfen, gereicht. Ein erstklassiger Appetitanreger.

Sardinen können auf die gleiche Weise zubereitet werden.

Anchovis, in Wein mariniert

Zutaten :
60 frische, filetierte Anchovis
Banyuls Süßwein

* Die Anchovis 1 Stunde mit grobem Salz bedecken, anschließend gut abspülen.
* Einen Tag lang in Banyuls-Wein marinieren, anschließend abtropfen lassen und in Olivenöl einlegen.

Suppen

Krebssuppe mit Lauch

FÜR 2 LITER SUPPE
Garzeit : 40 Minuten
Zutaten :
2 kg Krabben
2 Karotten
2 Schalotten
3 Knoblauchzehen

2 Lauchstangen (nur der weiße Teil) zum Garnieren
1 Staudensellerie
3 Esslöffel Tomatenkonzentrat
1 Piment d'Espelette
50 cl Weißwein
Thymian, Lorbeer, Olivenöl, Salz, Pfeffer

- Die Karotten und den Staudensellerie in große Würfel schneiden, die Schalotten vierteln und die Knoblauchzehen zerdrücken.
- Das Olivenöl in einem großen Kochtopf erhitzen. Wenn das Öl zu rauchen beginnt, die Krabben hineingeben und ständig umrühren. Sie müssen von allen Seiten schön rot sein.
- Jetzt das Gemüse hinzugeben und einige Minuten andünsten lassen, bevor das Tomatenkonzentrat hinzugefügt wird. Schließlich mit dem Weißwein ablöschen.
- Beachten Sie, dass diese Schritte alle rasch hintereinander erfolgen müssen.
- Anschließend mit Wasser, dem Salz und Pfeffer zugefügt wurde, auffüllen, bis die Zutaten bedeckt sind, und den Piment d'Espelette hinzugeben. 20 Minuten kochen lassen.
- Die Suppe durch ein großes Sieb gießen und dabei die Krabben gut zerdrücken, dann das Ganze durch ein feines Spitzsieb passieren und nochmals 15 bis 20 Minuten einkochen lassen.
- Die Suppe muss eine dunkelrote Farbe und einen sehr kräftigen Geschmack haben.

„Etrilles" sind kleine braune Krabben. Diese Suppe kann auch mit grünen Krabben zubereitet werden, wobei diese lebend verarbeitet werden müssen. Als Beilage eignet sich frittierter Lauch - das Rezept gebe ich Ihnen nachfolgend. Er ist einfach zuzubereiten und eine witzige Beilage, die dem Gericht eine ausgezeichnete knusprige Note verleiht.

- Die weißen Teile der Lauchstangen in einer Länge von 15 cm abschneiden. Längs halbieren und in feine Juliennestreifen schneiden.
- Frittierfett auf 150 °C erhitzen und die Lauchstreifen in kleinen Mengen hineingeben.
- Wenn sie goldgelb sind, mit Hilfe einer Netzkelle herausnehmen und sofort salzen.
- Wenn die Suppe serviert wird, den Teller mit einigen frittierten Lauchstreifen bestreuen.
- Guten Appetit. Sie werden sehen - mit einem Glas weißen Lirac ist das ganz und gar nicht schlecht.

Als Beilage eignen sich auch gut gequollener, in Wasser gekochter Rundkornreis oder dicke Fadennudeln.

Fischsuppe

FÜR 6 PERSONEN
Garzeit : 2 Stunden
Zutaten :
3 kg Klippfisch (Meeraal, Seeteufel,
   Seebarsch etc.)
1 Lauch

1 Fenchelknolle
3 Knoblauchzwiebeln (halbiert)
1 Zwiebel
250 g Tomatenkonzentrat
2 g Safran
Thymian
Lorbeer

* Das gesamte Gemüse ohne Bräunung leicht andünsten.
* Die Fische, das Tomatenkonzentrat und den Safran hinzufügen. Gut umrühren, bis der Fisch zerfallen ist.
* Mit Wasser aufgießen, bis die Zutaten bedeckt sind. Thymian und Lorbeer hinzufügen. 2 Stunden bei mäßiger Hitze kochen lassen.
* Anschließend durch ein Sieb (nicht zu fein) passieren.
* Mit Salz und Pfeffer nachwürzen und warmhalten. Es müssen mindestens 5 Liter Bouillon zurückbleiben.
* Mit gerösteten Croutons und ein wenig „Rouille" (scharfe Knoblauch-Mayonnaise) servieren.

Manche fügen auch gerne noch etwas geriebenen Gruyere hinzu, aber ich gestehe, ich bin nicht dafür.

Diese Suppe benötigt etwas mehr Zeit für die Zubereitung, aber sie ist wirklich köstlich!
Bei Ihrem Fischhändler erhalten Sie mehrere kleine Fischsorten für dieses Rezept.
Es gibt verschiedene Fischsuppen: die graue Fischsuppe oder Chalut, die nicht so teuer, aber auch geschmacklich nicht so gut ist, und die rote Suppe oder Roche, die mit kleinen roten Fischen zubereitet wird. Diese ist ausgezeichnet.

Linsencremesuppe

FÜR 10 PERSONEN
Garzeit : 1 Stunde
Zutaten :
300 g grüne Linsen
1 Karotte
1 Zwiebel

2 Knoblauchzehen
100 g „Petit Salé"
(Pökelschweinefleisch), in große Würfel
geschnitten
25 cl geschlagene Sahne
Olivenöl

- Die Pökelfleischwürfel mit etwas Olivenöl anschwitzen. Wenn sie gut angebraten sind, die Linsen hinzufügen, mit 2,5 Liter Wasser auffüllen und das Gemüse hinzugeben.
- Eine gute Stunden kochen lassen. Die Karotte, die Zwiebel und die Fleischwürfel herausnehmen und die Linsenbrühe durch die Kartoffelpresse passieren. Einige Tropfen Olivenöl hinzufügen.
- Kurz vor dem Servieren die geschlagene Sahne hinzufügen und alles gut durchmixen, um eine glatte Creme herzustellen.
- Diese Suppe schmeckt auch kalt sehr gut. Sie hat durch das Olivenöl einen besonders feinen und aromatischen Geschmack.

Wir verwenden bei uns die von meinem Freund Régis Marcon - einem in dieser Region sehr bekannten Koch - bevorzugte grüne Puy-Linse.
Bei uns in der Provence wurden die Linsen immer mit einem Stück „Petit Salé" und viel Wasser gekocht. Der Kochsud diente als klare Suppe, die mit trockenem Brot gegessen wurde, und die Linsen wurden entweder als Salat oder warm mit dem „Petit Salé" verzehrt. Dieses Gericht reichte für eine ganze Woche.
Dieses Rezept wird in meinem Restaurant im Winter angeboten.

Brühe aus Schnittgemüse mit Kräutern

FÜR 10 PERSONEN

Zutaten :

Brühe	Gemüse
1 Zwiebel	4 Karotten
1 Karotte	2 weiße Rüben
1 weiße Rübe	6 schöne weiße Selleriestangen
1 Zucchini	2 Tomaten
Blätter von Selleriestangen	3 Kartoffeln der Sorte Roseval
1 Lorbeerblatt	2 Zucchini
1 Thymianzweig	10 g Schnittlauch
1 Knoblauchzehe	Olivenöl

Zubereitung der klaren Brühe

- Die fein geschnittene Zwiebel anschwitzen, die grob geschnittene Karotte, Rübe und Zucchini, die Knoblauchzehe, den Thymian und das Lorbeerblatt hinzufügen und den Topf bis oben mit Wasser füllen.
- Diese leicht gesalzene Brühe sanft köcheln lassen.

Zubereitung der Gemüse

- Das restliche Gemüse in der Zwischenzeit fein schneiden. Die Karotten, weißen Rüben und Zucchini längs vierteilen und anschließend in feine Scheiben schneiden. Den Sellerie schälen und in feine Scheiben schneiden.
- Das Gemüse, mit Ausnahme der Tomaten, in wenig Brühe, die man in einen anderen Topf gegeben hat, getrennt garen.
- Das Gemüse knackig kochen und anschließend mit Eiswasser abschrecken, damit der Garvorgang sofort beendet wird. In einer Suppenschüssel aufbewahren.
- Die rohen, gehäuteten und in große Würfel geschnittenen Tomaten, den gehackten Schnittlauch und etwas Olivenöl hinzugeben.
- Die heiße Brühe zum Zeitpunkt des Servierens über das Gemüse gießen.

Suppen sind im Winter eine willkommene Speise. Heiß oder kalt – ein grenzenloses Vergnügen. Dieses Rezept ergibt eine hervorragende Brühe, denn das zerkleinerte Gemüse verleiht ihr Biss und sorgt für ihr besonderes Aroma und den Wohlgeschmack.

Pistou-Suppe

FÜR 6 PERSONEN
Garzeit: 45 Minuten
Zutaten :
100 g dicke grüne Bohnen
100 g weiße Bohnen „Coco blanc"
2 oder 3 Zucchini
100 g Karotten

50 g Kartoffeln
100 g dicke Bandnudeln
4 sehr reife Tomaten
5 Knoblauchzehen
1 Bund Basilikum
75 g Parmesan
25 cl Olivenöl

* Die grünen Bohnen entstielen, den Faden abziehen und in Abschnitte schneiden. Die Zucchini in Würfel schneiden.
* Die grünen und weißen Bohnen in 2,5 Liter Wasser mit Salz und Pfeffer kochen. Nach 15 Minuten die Karotten und Kartoffeln hinzufügen. Nach weiteren 15 Minuten die Zucchiniwürfel hinzufügen.
* 15 Minuten kochen lassen, dann die Fadennudeln hinzugeben.
* Tomatenfleisch, geschälte Knoblauchzehe, Parmesan und Basilikumblätter zerstoßen und dabei das Olivenöl portionsweise zufügen.
* In die stark kochende Suppe geben.

Diese Suppe, die uns aus Genua überliefert wurde, wird heute sowohl heiß im Herbst als auch kalt im Sommer serviert. Je nach Menge der verwendeten Tomaten ist sie mehr oder weniger erfrischend. Oft werden auch noch einige Speckschwarten-Reste aus unserer Vorratskammer hinzugegeben, die manchmal ein wenig ranzig sein können.
Das ist das typische provenzalische Sommergericht.

Miesmuschelsuppe mit Safran

FÜR 10 PERSONEN
Zutaten :
4 kg Miesmuscheln
50 cl Weißwein
2 fein gehackte Karotten

1 fein gehackte Zwiebel
2 Knoblauchzehen
1 Tomate
1 g Safran
Pfeffer, Thymian, Lorbeer, Olivenöl

- Die Muscheln gründlich reinigen. Anschließend mit dem Wein, Thymian und Lorbeer abkochen, damit sich die Muscheln öffnen. Nicht zu lange kochen, das Muschelfleisch wird sonst gummiartig und trocken.
- Das Muschelfleisch aus der Schale nehmen und in einer Suppenschüssel zur Seite stellen.
- Den Sud passieren und dabei darauf achten, dass kein Sand zurückbleibt (der sich oft auf dem Boden des Kochtopfs ablagert).
- Karotten und Zwiebel in einen Topf geben, in welchem das Olivenöl zuvor erhitzt wurde. Wenn sie gut angedünstet sind, den fein gehackten Knoblauch und zuletzt die Tomate und den Safran hinzufügen.
- Den Muschelsud kosten. Wenn er nicht zu salzig ist, kurz aufkochen lassen und heiß über die Muscheln gießen. Wenn der Sud zu salzig ist, mit etwas Wasser verdünnen.
- Dazu können geröstete, mit Knoblauch abgeriebene Croutons oder „Rouille" (scharfe Knoblauch-Mayonnaise) gereicht werden.

Die bei uns verwendeten Muscheln stammen oft aus dem Thau-See. Dieses Rezept kann auch mit der Bouchot-Muschel zubereitet werden, die kleiner und meistens fleischiger ist.

Scharfe Knoblauch-Mayonnaise

Zutaten :
2 Knoblauchzehen
  roter, spanischer Piment
1 Scheibe Brot (ohne Rinde), in etwas

Milch eingeweicht
20 cl Muschelsuppe
20 cl Olivenöl

- Die Zutaten im Mörser zerkleinern oder vermixen.
- 20 cl Olivenöl hinzufügen. Daraus muss eine Paste entstehen.
- Anschließend 20 cl Muschelsuppe hinzugeben.

Die Rouille kann auch für die Fischsuppe zubereitet werden. Dabei wird die Paste mit dem Fischsuppensud gestreckt.

Vorspeisen

Geflügelleber-Flan

FÜR 6 BIS 8 PERSONEN
Garzeit : **2 Stunden**
Ruhezeit : **3 Tage**
Zutaten :
200 g Geflügelleber
6 Eier

1 Liter flüssige Sahne
2 graue Schalotten
1 Knoblauchzehe
Muskat
Salz, Pfeffer

- Alle Zutaten im Mixer vermischen. Darauf achten, dass sich die Leber nicht durch zu langes Mixen erwärmt und zu viel Sauerstoff erhält - lieber mehrmals kurz mixen.
- Mit 10 g Salz, 3 g Pfeffer und wenig frisch geriebener Muskatnuss würzen. Anschließend durch ein feines Sieb passieren. Die Masse ist flüssig.
- Dariol-Formen leicht mit Butter einfetten. Mit der Masse füllen und im Wasserbad bei 180 °C (Thermostat 6) 2 Stunden garen.
- Abkühlen lassen und drei Tage im Kühlschrank aufbewahren. Diese Zeit ist notwendig, damit sich die Aromen verbinden und verfeinern.

Geflügelherz-Spieße

FÜR 4 PERSONEN
Marinierzeit : **1 Stunde**

Zutaten :
12 Geflügelherzen (3 pro Spieß)
Trüffel
Olivenöl
Portwein-Soße mit Trüffeln

- Die Herzen halbieren. Prüfen, ob kein Blut mehr vorhanden ist und Arterien- oder Venenstücke entfernen.
- Die Trüffel fein würfeln.
- Die Herzen mit den Trüffel-Würfeln in gutem Olivenöl etwa eine Stunde lang marinieren.
- Anschließend auf kleine Spieße stecken, die nicht in der Glut, sondern in der Pfanne gebraten werden.
- Kurz bei starker Hitze anbraten und sofort in eine Portwein-Soße eintauchen.

Tomaten-Tartar mit Kräutern ▶ und Schalotte

FÜR 6 PERSONEN
Zutaten :
10 schöne Tomaten
1 Schalotte

1 Bund Basilikum
Maussane-Olivenöl
Salz, Pfeffer

- Tomaten enthäuten, in Lamellen schneiden und das Innere grob zerkleinern.
- So lange wie möglich pressen.
- Mit dem Olivenöl wieder eine geschmeidige Konsistenz geben.
- Mit Salz und Pfeffer würzen und das gehackte Basilikum sowie die fein gehackte Schalotte hinzufügen.
- Zum Anrichten in runde Förmchen geben und kurz vor dem Servieren mit Olivenöl beträufeln.

Kleine gefüllte Tomaten mit Estragon-Aroma

FÜR 6 PERSONEN
Zutaten :
18 kleine runde Tomaten
2 kg Marmande-Tomaten

10 Estragonblätter
25 cl Rinderjus
2 Knoblauchzehen
1 Zwiebel
Olivenöl

- Die kleinen Tomaten enthäuten und die Kerne entfernen. Zum Abtropfen umdrehen.
- Die 2 kg Marmande-Tomaten zerkleinern (enthäuten, entkernen, grob zerschneiden).
- Zwiebel und Knoblauch sowie die zerkleinerten Tomaten in Olivenöl anschwitzen.
- Vollständig einkochen lassen.
- Die gehackten Estragonblätter hinzufügen und die Tomaten mit der Masse füllen.
- 10 Minuten im heißen Backofen mit dem Rinderjus garen und anschließend servieren.

Diese sehr aromatisch duftenden Tomaten sind als Beilage zu rotem Fleisch oder Blaufisch, wie Makrelen oder Sardinen, hervorragend geeignet. Ohne Beilage werden die gefüllten Tomaten heiß oder kalt verzehrt.

Stockfischpüree
mit Knoblauchcroutons

FÜR 6 PERSONEN
Zutaten :
1 kg gesalzener Stockfisch
1 kg Kabeljau
1 Liter Milch

1 Liter Olivenöl
1 Knoblauchzwiebel
1 Baguette
150 g Trüffel
Salz, Pfeffer

* Den Stockfisch am Vorabend wässern. Mit dem frischen Kabeljau in der Milch pochieren und anschließend mit Olivenöl aufschlagen. Abtropfen lassen.
* Den Fisch im Kochtopf am Herdrand mit einem Kochlöffel kräftig rühren und das Olivenöl untermengen, bis ein homogenes Püree entstanden ist.
* Zuletzt den pürierten Knoblauch und den in Juliennestreifen geschnittenen Trüffel untermischen. Nachwürzen (Vorsicht mit Salz).
* Die gerösteten Baguettescheiben damit bestreichen.

Das Stockfischpüree zählt zu den bekanntesten Spezialitäten von Nîmes. Man erzählt, dass früher die Bewohner von Nîmes Salz mit den Matrosen tauschten und den Stockfisch in den Behältern der Wasserspülung entsalzten.

Sardinen-Tarte
mit gebackenen Tomaten

FÜR 6 PERSONEN
Zutaten :
1 runde Backform, 30 cm Durchmesser
500 g ganz frische Sardinen
300 g Blätterteig
Thymianblüten, Olivenöl, Salz, Pfeffer

Gebackene Tomaten
300 g Tomaten
Thymianblüten, Zucker
Knoblauchzehen, Olivenöl

* Die Backform mit dem Blätterteig auslegen. Mit Bohnen blindbacken, damit er nicht zu hoch wird. Vollständig durchbacken, er muss eine schöne goldbraune Farbe haben.
* In der Zwischenzeit die Sardinen filetieren. Auf einem Tuch gut abtropfen lassen.
* Wenn der Tortenboden fertig gebacken ist, etwas abkühlen lassen und die gebackenen Tomaten auf den Teig legen. Die Sardinen rosettenartig, mit dem Schwanz nach oben anordnen,
* Salzen, pfeffern, mit Thymianblüten bestreuen, mit Olivenöl beträufeln und im heißen Backofen bei 170 - 180 °C (Thermostat 5-6) 10 Minuten garen.

Zubereitung der gebackenen Tomaten
* Nach Möglichkeit Roma-Tomaten verwenden. Sie müssen schön rot und reif, aber nicht zu reif sein. Halbieren, die Kerne entfernen und nicht zu eng nebeneinander auf ein Backblech legen.
* Salzen, pfeffern, mit einer Prise Zucker bestreuen, mit etwas Thymianblüte aromatisieren und mit einigen zerdrückten Knoblauchzehen würzen.
* Mit Olivenöl beträufeln und 4 Stunden bei 100 °C (Thermostat 3-4) in den
* Backofen stellen.
* Einige Tage kühl aufbewahren.

Die Sardinen-Tarte heiß mit einem Glas Laudun-Weißwein aus dem Weinkeller Quatre-Chemins servieren. Ein echtes Vergnügen. Sie können gerne auch ein wenig mehr zubereiten, denn - wenn ein Rest bleibt - ist dieser kalt verzehrt ebenfalls köstlich.

Auch gegrillt und mit einer Senfsoße schmecken die Sardinen ausgezeichnet. Es wird jedoch empfohlen, dieses Rezept im Freien zuzubereiten, denn im Haus ist der Geruch der gegrillten Sardinen sicher nicht sehr angenehm.
Bei uns werden die Sardinen von den Fischern, ohne sie vorher auszunehmen, nur unter einem Wasserstrahl abgespült und dann gegrillt. Sie werden abgeschuppt, und da nur der Rücken verzehrt wird, hinterlassen die Innereien ein sehr angenehmes Aroma und einen feinen Geschmack.

Kaninchen-Terrine mit weißem Papstwein

FÜR 10 PERSONEN
Marinierzeit : 24 Stunden
Zutaten :
1 Stallkaninchen
2 Karotten
5 Schalotten
1 Zwiebel
3 Knoblauchzehen
2 Orangenschalen

1 Zitronenschale
1,5 Liter Châteauneuf-du-Pape Weißwein
20 g glatte Petersilie
20 g Schnittlauch
10 g Estragon
Thymian
Lorbeer
Salz, Pfeffer

* Das Kaninchen entbeinen und in große Würfel schneiden.
* Karotten, Schalotte, Zwiebel und Knoblauch grob hacken.
* Die Orangen- und Zitronenschalen in ganz kleine Würfel schneiden.
* Alles vermischen und mit dem Châteauneuf-du-Pape aufgießen. 24 Stunden in der Marinade ziehen lassen.
* Aus den Knochen eine kleine kurze Brühe herstellen. Die Knochen in einem ausreichend großen Kochtopf anbraten. Sobald sie gut angeschwitzt sind, mit Wasser aufgießen, bis die Knochen bedeckt sind, und etwas Thymian und Lorbeer hinzufügen.
* Schwach köcheln lassen, bis die Flüssigkeit fast vollständig eingekocht ist.
* Am nächsten Tag das marinierte Kaninchen, die gehackten Kräuter und den stark reduzierten Fond hinzufügen.
* Mit 14 g Salz und 3 g Pfeffer pro Kilo würzen. Die Mischung in eine Terrine geben und 3 Stunden im Ofen bei mittlerer Hitze, 140 bis 160 °C (Thermostat 4-5-6) garen.
* Wenn das Gericht gar ist, abkühlen lassen und erst ab dem darauffolgenden Tag verzehren.

Ein unkompliziertes Rezept, das nur wenig Zeit beansprucht.
Das Gericht kann in der Speisekammer als frische Vorspeise oder für den kleinen Hunger zwischendurch aufbewahrt werden.

Sie haben hier ein geschmacklich hervorragendes Kaninchen in Gelee.
Schmeckt köstlich mit einigen Cornichons und kleinen Essigzwiebeln. Auch sehr gut mit einigen Salatblättern oder in Olivenöl marinierten Paprikaschoten.

Kräuterklöße

FÜR 10 PERSONEN
Garzeit : 2 Stunden
Zutaten :
400 g gekochten Spinat
400 g gekochten Mangold
   (nur die grünen Teile)
50 g gekochten Sauerampfer
100 g fein gehackte und gekochte Zwiebel

3 zerdrückte Knoblauchzehen
100 g fetten Speck, fein gehackt
200 g gut gereinigtes Schweinenetz
Thymian
Lorbeer
Salbei
1 Liter heller Fond oder Hühnerbrühe

- Alle Zutaten in einer ausreichend großen Schüssel vermischen. Gut mit Salz und Pfeffer würzen.
- Kugeln von ca. 110 g formen und in das Schweinenetz wickeln. In eine ofenfeste Schüssel geben. Bis zur Hälfte mit dem hellen Fond aufgießen.
- Thymian, Lorbeer und Salbei darüber streuen und 2 Stunden bei schwacher Hitze bei 130 bis 140 °C (Thermostat 4-5) garen.

Wildfleischklößchen ▶

FÜR 10 PERSONEN
Garzeit : 1 Stunde
Zutaten :
500 g Wildfleisch (die billigeren
   Fleischstücke, z. B. vom Wildschwein u. der
   Waldschnepfe, sind dafür gut geeignet)
200 g gekochten Spinat
50 g gekochten Sauerampfer

100 g Zwiebel
150 bis 200 g Schweinenetz
5 Wacholderbeeren
Knoblauch
Thymian
Lorbeer
Salbei
1 Liter heller Fond

- Das Wildfleisch in kleine Würfel schneiden und - wie bei einem Wildragout - lange kochen, um eine recht trockene Füllung zu erhalten.
- Aus dem Spinat, den fein gehackten und gekochten Zwiebeln, Knoblauch, Thymian und Sauerampfer sowie dem durchgedrehten Wildfleisch und den zerstoßenen Wacholderbeeren eine Füllung herstellen.
- Kleine Kugeln von ca. 30 g formen und in das Schweinenetz wickeln.
- In eine ofenfeste Form geben und zur Hälfte mit dem hellen Fond aufgießen.
- Salbeiblätter und Lorbeer darüber geben und eine gute Stunde bei schwacher Hitze bei 140 °C (Thermostat 4-5) garen.

Terrine von jungen Makrelen und Fenchel

FÜR 10 PERSONEN
Zutaten :
2 kg junge Makrelen
2 kg Fenchel
50 cl Weißwein
2 Karotten
2 Zwiebeln

4 Knoblauchzehen
1 g Safran
Thymian
Lorbeer
Olivenöl
Salz, Pfeffer

- Die Makrelen filetieren. Salzen, pfeffern und flach auf ein Blech legen. Mit etwas Öl beträufeln.
- Den Weißwein zum Kochen bringen und über die Fischfilets gießen. Das Ganze nur 2 bis 3 Sekunden kochen lassen. Zur Seite stellen und abkühlen lassen.
- In der Zwischenzeit die Fenchelknollen in sechs Teile schneiden. In reichlich Salzwasser blanchieren (4 Minuten kochen lassen und pro Liter Wasser immer 14 g Salz verwenden). Abschrecken und abtropfen lassen.
- Die Karotten und Zwiebel fein hacken. In einem ausreichend großen Kochtopf, der die Fenchelstücke aufnehmen kann, die Zwiebel und Karotten kräftig anbraten. Bei uns sagt man, bis sie „fast versengt" sind.
- Die gehackten Knoblauchzehen hinzufügen und die Fenchelstücke darauf anordnen. Den Safran sowie etwas Salz und Pfeffer hinzufügen. Mit dem Weißwein von der Zubereitung der Makrelen aufgießen und mit Wasser nachfüllen, bis der Fenchel gut bedeckt ist. Bei schwacher Hitze kochen lassen.
- Wenn der Fenchel gut gegart ist, herausnehmen und abtropfen lassen.
- Den restlichen Sud auf die Hälfte einkochen lassen. Eine Terrine vorbereiten und zuerst eine Lage Makrelen, anschließend eine Lage Fenchel einfüllen. Den restlichen Sud hinzufügen und eine Nacht lang in den Kühlschrank stellen.
- Die Terrine am nächsten Tag mit einem elektrischen Messer in Scheiben schneiden und kalt mit einer Kräutervinaigrette servieren.

Dieses Gericht schmeckt sehr gut mit einem Côtes du Rhône Weißwein (Domaine de la Présidente)

Mesclun mit Zunge und Hirn vom Lamm

FÜR 2 PERSONEN
Garzeit: 1 - 1,5 Stunden
Zutaten :
1 Lammzunge pro Person
1 Hirn pro 2 Personen
1 Zwiebel, mit Nelken gespickt
1 Karotte
1 Thymianzweig

1 Lorbeerblatt
Olivenöl
Balsamico-Essig
Butter
Mehl
Kräuter
Mesclun
Salz, Pfeffer

- Die Zungen im Wasser mit der Zwiebel, der Karotte, dem Thymian, dem Lorbeerblatt sowie Salz und Pfeffer kochen. Kochdauer ungefähr 1 bis 1,5 Stunden auf kleiner Flamme.
- Während dieser Zeit das Hirn in klarem Wasser wässern, damit es schön weiß wird. Im Salzwasser mit einigen Tropfen Essig pochieren (nur einmal aufkochen und das Hirn dann im Kochwasser abkühlen lassen).
- Die Zungenhaut abziehen. Wenn das nicht ganz leicht geht, sind sie noch nicht ausreichend lange gekocht. Den hinteren Teil der Zunge parieren, und die Zunge längs halbieren.
- Das Hirn abtropfen lassen und in vier Teile schneiden.
- In einer Pfanne ein wenig Butter und Olivenöl erhitzen; die Hirnteile in Mehl wenden und in die Pfanne geben. Jede Seite gut anbräunen (durch das Mehl erhält man eine leichte Kruste). Auf eine Platte legen und zur Seite stellen.
- Die Zunge ebenfalls anbraten, jedoch ohne Mehl.
- Den Mischsalat in der Mitte einer großen Servierplatte anrichten, und ringsherum abwechselnd die Zunge und das Hirn anordnen.
- Mit der Vinaigrette und einigen Kräutern würzen.

Mit einem Tavel oder Lirac Rosé eine sehr schmackhafte Vorspeise für den Frühling.
Eine echte Lebensfreude!

Mesclun ist eine Mischung aus jungen Salatpflanzen verschiedenster Sorten und Kräuterpflanzen. Wir erhalten diese beim Vereinzeln der Jungpflanzen.
Dieser Salat ist praktisch auch für sich als Sommergericht oder als große Vorspeise für die Familie geeignet.

Fisch

Leicht gesalzener Kabeljau aus dem Backofen

FÜR 4 PERSONEN
Ruhezeit : 1 Stunde
Zutaten :
600 g Kabeljau am Stück
4 Tomaten
Mehl

Knoblauch
Petersilie
Grobes Salz
Olivenöl
Balsamico-Essig
Salz, Pfeffer

- Das Kabeljaustück mit grobem Salz bedecken und 1 Stunde unter einem Tuch ruhen lassen.
- In der Zwischenzeit die Tomaten in etwas dickere Scheiben schneiden. Mit Mehl bestäuben und in einer Pfanne mit etwas Olivenöl goldgelb werden lassen.
- Nacheinander auf Küchenpapier abtropfen lassen.
- Knoblauch und Petersilie hacken. Den Backofen auf 180 °C (Thermostat 6) vorheizen.
- Den Kabeljau sorgfältig mit klarem Wasser vom Salz befreien, abtropfen lassen und trockentupfen. Anschließend in vier Filetstücke zerteilen. Die Filets in eine flache Auflaufform legen und mit Olivenöl begießen.
- Mit der Haut nach oben für 8-10 Minuten bei 180 °C (Thermostat 6) im Ofen braten.
- Die Tomatenscheiben auf einer Servierplatte anrichten.
- Sobald der Fisch gar ist, den Ofen ausschalten und die Tomaten warm stellen.
- Die Haut vom Kabeljau entfernen und den Fisch auf den Tomaten anrichten.
- Den Fischsud auffangen, einige Tropfen Balsamico-Essig sowie die gehackte Petersilien- Knoblauchmischung hinzugeben. Das Gericht mit dieser Soße servieren.

Seebarbenfilets
mit gebratenen Roma-Tomaten

FÜR 6 PERSONEN
Zutaten :
6 Seebarben
6 gut reife, aber noch feste Roma-
Tomaten

3 Schalotten
1 Dutzend schwarze Oliven
Balsamico-Essig
Olivenöl
Einige Dillstängel
Salz, Pfeffer

* Die Seebarbenfilets vorbereiten, die Gräten mit einer Pinzette entfernen.
* Die Tomaten schälen. Längs aufschneiden, die Kerne entfernen und salzen. Abtropfen lassen.
* In der Zwischenzeit die Schalotten einschneiden. Die Oliven entkernen und mit dem Messer in grobe Stücke schneiden.
* Aus Olivenöl, Balsamico-Essig, Salz und Pfeffer eine Vinaigrette zubereiten.
* Die Tomaten mit etwas Olivenöl in einer Pfanne auf dem Herd anbraten. Die Schalotten hinzufügen. Ruhen lassen und dann auf den Tellern anrichten.
* Die Seebarben zunächst auf der Hautseite und dann auf der anderen Seite in der Pfanne nicht zu stark braten. Auf den Tomaten anrichten.
* Mit einigen grünen Dillstängeln und mit den gehackten schwarzen Oliven garnieren. Mit Vinaigrette übergießen.
* Den Fisch auf den warmen Tellern anrichten, die Farce verteilen und mit dem Gemüsepüree überziehen.
* Kurz vor dem Servieren mit einem Schuss Olivenöl beträufeln.

Provenzalische Supions mit Steinpilzfarce

FÜR 4 BIS 6 PERSONEN
Zutaten :
200 bis 300 g provenzalische Supions
 (kleine Tintenfische)
500 g Steinpilze
20 g Steinpilzpulver

500 g Champignons
3 Schalotten
2 Knoblauchzehen
10 g frische Petersilie
Olivenöl
Salz, Pfeffer

Die Tintenfische mit Steinpilzen zu füllen ist eine besonders leckere Art der Zubereitung.

- Die Steinpilze in kleine Würfel schneiden und in gesalzenem und gepfeffertem Öl braten. In einem Sieb abtropfen lassen.
- Aus den (fein gehackten) Champignons eine Duxelles zubereiten.
- Die fein gehackten Schalotten mit etwas Olivenöl in einer Schmorpfanne anbraten. Sobald sie schön braun sind, die Champignons zugeben und schmoren, bis die Flüssigkeit verdampft ist.
- Abkühlen lassen und Steinpilze, Duxelles, Steinpilzpulver, fein gehackten Knoblauch und Petersilie untermischen.
- Die fertige Farce zum Schluss noch einmal abschmecken.
- Die kleinen Tintenfische reinigen. Am Kopf ziehen, damit die Eingeweide und die Arme herauskommen und mit reichlich klarem Wasser abspülen. Abtropfen und auf einer Platte leicht trocknen lassen.
- Die Arme in Höhe der Augen (die entfernt werden) abschneiden und grob hacken. Die Arme in der Pfanne braten und unter die Farce mischen.
- Die Tintenfische mit Hilfe eines Spritzbeutels füllen und mit einem Zahnstocher verschließen. In eine heiße Pfanne geben und rundum anbräunen. Dann für einige Minuten in den heißen Ofen stellen.

Sie können pur mit einem kleinen Salat und einer guten Gewürz-Vinaigrette, oder mit einem Krabbenpüree und etwas gehobeltem Parmesan serviert werden.

Der Supion ist ein kleiner Tintenfisch, der als Vor- und Hauptspeise bemerkenswert ist. Ihn küchenfertig zu machen, ist allerdings etwas aufwändig.

Panierter Seeteufel mit Aioli

FÜR 2 PERSONEN
Zutaten :
0,8 bis 1 kg Seeteufelschwanz am Stück
300 g Paniermehl
20 g Thymianblüten

6 Knoblauchzehen
2 Eigelb
100 g Butter
Olivenöl
Grobes Salz

* Das Seeteufelfleisch von allen überflüssigen Teilen befreien, mit einigen Knoblauchzehen spicken und mit dem mit den Thymianblüten gemischten Paniermehl panieren.
* Mit Olivenöl und Butter behutsam bei 180 °C (Thermostat 6) im Ofen garen und häufig mit dem Bratensaft übergießen.
* Den Knoblauch und eine feine Prise grobes Salz im Mörser zerstoßen. Sobald die Masse cremig ist, das Eigelb hinzufügen. Nach und nach das Olivenöl hinzufügen. In dieser Weise fortfahren, bis die gewünschte Menge erreicht ist.
* Den Seeteufel aus dem Ofen holen, anrichten und das Aioli separat dazu reichen.

Gegrillter Thunfisch auf gebratenem Paprika-Mix

FÜR 6 PERSONEN
Zutaten :
6 viereckige Thunfischstücke
1 rote Paprika
1 gelbe Paprika
1 grüne Paprika

1 große, fein gehackte Zwiebel
1 Knoblauchzehe
Balsamico-Essig
Olivenöl
Salz

* Die Paprika in feine Würfel schneiden und in Salzwasser blanchieren.
* Die Zwiebeln mit etwas Olivenöl anschwitzen, die Paprika und den zerdrückten Knoblauch hinzugeben. Leicht anbräunen.
* Die Thunfischstücke grillen. Achten Sie darauf, dass der Thunfisch nicht zu stark durchgart, da er schnell trocken wird. Den Fisch auf dem Paprika-Kompott anrichten.
* Das Ganze mit einer Vinaigrette übergießen.

Hierzu mundet hervorragend ein guter Tavel aus dem Hause Roudil.

Thunfisch wird auch als Steak der Meere bezeichnet. Er erinnert in der Tat eher an Fleisch als an Fisch. Hier ist ausschließlich von rotem Thunfisch die Rede. Lassen Sie sich von Ihrem Fischhändler schöne, 3 bis 4 cm dicke Stücke zurechtschneiden, die je nach Appetit zwischen 130 und 150 g wiegen sollten.

Bouillabaisse

FÜR 6 PERSONEN
Garzeit: 3 Stunden
Zutaten :

Fisch
5 mittlere Seebarben (200 g-Stücke)
2 Petersfisch-Filets (500 g-Stücke),
  in 10 Portionen zerteilt
5 Petermännchen (100 g-Stücke)
1 kleiner Meeraal (in etwa 80 g schwere,
  längliche Scheiben geschnitten)
5 mittlere Drachenköpfe (200 g-Stücke)
5 Knurrhähne (200 g-Stücke)

Suppe
3 kg Fisch für eine rote Suppe
1 Lauch
1 Fenchelknolle
3 Knoblauchzwiebeln (halbiert)
1 Zwiebel
250 g Tomatenmark
2 g Safran
Thymian
Lorbeer
Olivenöl
Fleur de Sel
Salz, Pfeffer

Zubereitung der Fischsuppe

* Das gesamte Gemüse ohne Bräunung leicht andünsten. Die Fische, das Tomatenmark und den Safran hinzufügen.
* Gut umrühren, bis der Fisch zerfällt.
* Mit Wasser aufgießen, bis die Zutaten bedeckt sind.
* 3 Stunden bei mäßiger Hitze kochen lassen. Anschließend durch ein (nicht zu feines) Sieb passieren.
* Mit Salz und Pfeffer abschmecken und warmstellen. Es sollten mindestens 5 Liter Brühe sein.

Zubereitung des Fischs

* Sie benötigen drei Schmorpfannen, die nach oben breiter werden. In die eine legen Sie die Knurrhähne und Petermännchen, in die zweite die Drachenköpfe und Seebarben und in die letzte den Meeraal und den Petersfisch.
* Den Fisch mit Olivenöl beträufeln und mit etwas Fleur de Sel bestreuen.
* Anschließend die Suppe angießen, bis der Fisch fast bedeckt ist und ihn dann garen.
* Den gegarten Fisch heiß servieren.

Drachenkopf mit Kartoffelgratin

FÜR 6 PERSONEN
Garzeit: 30 bis 40 Minuten
Zutaten :
6 Drachenkopf-Filets (je 100 bis 120 g)
6 schöne Kartoffeln mit festem Fleisch
   (120 bis 150 g pro Person)
100 g schwarze Oliven ohne Kern
200 g gewürfelte rohe Tomaten

1 Zwiebel
5 Knoblauchzehen
Olivenöl
Fischbrühe
Mehl
Thymian
Lorbeer
Salz, Pfeffer

* In einer großen flachen Auflaufform oder auf einem Backblech die in dünne Scheiben geschnittene Zwiebel in etwas Olivenöl anschwitzen, bis sie fast Farbe annehmen.
* In der Zwischenzeit die Kartoffeln sehr fein schneiden (etwas dicker als Chips) und die Drachenkopf-Filets mit Mehl bestäuben.
* Sie rasch in einer sehr heißen Pfanne anbraten, damit sie Farbe bekommen, wobei sie aber keinesfalls durchbraten dürfen. Auf das Blech legen.
* Tomaten, die Hälfte der Oliven, Kartoffeln, Thymian, Lorbeer und zerdrückte Knoblauchzehen in einer Salatschüssel mischen. Die Drachenköpfe mit dieser Mischung bedecken, ähnlich wie bei Bäckerinnenkartoffeln. Die Kartoffeln gleichmäßig darauf verteilen und anschließend die Fischbrühe angießen, bis alles bedeckt ist. Die restlichen Oliven darauf verteilen.
* In den 180 °C (Thermostat 6) heißen Ofen schieben und 30 bis 40 Minuten garen lassen. Eine Kartoffel zerdrücken um zu prüfen, ob das Gericht fertig ist.
* Heiß servieren und dazu einen trockenen, weißen Côtes-du-Rhône reichen.

Der Drachenkopf ist ein Fisch mit sehr viel Geschmack. Ich empfehle Ihnen, nur die Filets zu kaufen, da der Fisch einen sehr großen Kopf hat, was viel Verlust bedeutet.
Mit dem Kopf und den Gräten lässt sich allerdings eine Brühe herstellen, mit der man beispielsweise ein Gratin angießen kann.

Petersfisch in Kartoffelkruste

FÜR 6 PERSONEN
Zutaten :
6 Petersfisch-Filets (ohne Haut)
2 Kartoffeln
1 Schalotte

1 Glas Weißwein
300 g Butter
20 g gewürfelte, kandierte Zitronen
1 Stück Ingwer

* Die Kartoffeln sehr fein schneiden, wie für Kartoffelchips.
* Die Kartoffeln auf keinen Fall waschen, da sie sonst aufgrund der Stärke am Fisch kleben.
* Den Petersfisch mit geriebenem Ingwer einreiben (nicht zu viel Ingwer verwenden, lediglich soviel, dass der Fisch danach duftet).
* Die Kartoffeln schuppenförmig auf die Filets legen.
* Eine Pfanne mit etwas Öl und einem haselnussgroßen Stück Butter erhitzen.
* Die Filets mit der Kartoffelseite nach unten garen.
* Sobald die Kartoffeln schön goldgelb sind, die Filets vorsichtig wenden und den Garvorgang ganz behutsam abschließen.
* In der Zwischenzeit den Weißwein mit der fein gehackten Schalotte reduzieren und die Butter wie bei einer Buttersoße beimischen.
* Eventuell nachwürzen. Zuletzt die kandierten Zitronenwürfel hinzugeben.
* Die Filets mit der Kartoffelseite nach oben anrichten und die Butter rundherum verteilen.

Der Petersfisch besitzt große Finesse und kleine Exemplare (600 g bis 1 kg) können mit einigen Gewürzen im Ofen am Stück gegart werden. Von großen Exemplaren verwendet man eher die Filets. Bei diesem Fisch gibt es viel Verlust und pro Person sind 300 bis 400 g vorzusehen.

Hummer mit Orangenbutter und Sternanis

FÜR 2 PERSONEN
Zutaten :
2 Hummer (600 bis 650 g)
4 Orangen
2 g Sternanispulver
300 g Butter

2 Zucchini
1 Karotte
Olivenöl
Essig
Salz

* Das gesalzene Essigwasser in einer großen Kasserolle zum Kochen bringen. Sobald das Wasser kocht, die Hummer hineinlegen. Achten Sie darauf, dass sie noch leben. Halten Sie einen Deckel bereit, damit es nicht spritzt. Sobald das Wasser erneut kocht, höchstens noch 2 Minuten weitergaren. Aus dem Wasser nehmen und auf einer Platte abkühlen lassen.
* In der Zwischenzeit die Orangen auspressen. Den Saft durch ein feines Sieb geben. Sirupartig einkochen und wie bei einer Buttersoße die Butter beimischen. Sternanis hinzugeben und beiseite stellen.
* Die Zucchini und die Karotten in lange breite Scheiben schneiden. Einige Minuten in Salzwasser garen. Achtung, das Gemüse ist rasch gar. In Eiswasser abschrecken, damit die Zucchini ihre grüne Farbe nicht verlieren.
* Die Hummer, Schwänze und Scheren aus der Schale lösen. Mit den Karkassen lässt sich eine Hummersuppe oder Hummersoße zubereiten. Den Schwanz längs halbieren.
* Das Ganze in Olivenöl braten und für einen besseren Geschmack leicht anbräunen.
* Die Hummer auf dem Teller anrichten, das Gemüse darauf oder daneben anrichten und mit der Orangenbutter überziehen.

Fleisch

Entenkeulen mit Steinpilzen

FÜR 6 PERSONEN
Zutaten :
6 Entenkeulen
1,5 kg Steinpilze
1 Schalotte

2 Knoblauchzehen
50 cl hellen Fond oder Hühnerbrühe
150 g Butter
Petersilie
Salz, Pfeffer

- Die Entenkeulen in einem Schmortopf anbraten.
- Von jeder Seite schön anbräunen. Das Fett abschöpfen und die fein gehackte Schalotte und den Knoblauch hinzugeben.
- Sobald alles schön braun ist, den hellen Fond angießen und kochen lassen, bis er vollständig reduziert ist.
- Die Steinpilze in einer Pfanne braten und abtropfen lassen. Den Saft, den sie ziehen, auffangen und beiseite stellen. Ein zweites Mal in der Pfanne braten. Salzen und pfeffern. Sie müssen eine schöne Farbe bekommen.
- Den Steinpilzsaft zu den Entenkeulen in den Schmortopf geben.
- Auf die Hälfte reduzieren und die Butter beimischen.
- Im letzten Moment die Steinpilze und die gehackte Petersilie hinzugeben.
- Das Ganze gut erhitzen und mit einem guten Glas Gigondas servieren.

Gebratenes Rebhuhn in Kohl-Chartreuse

FÜR 4 PERSONEN
Zutaten :
2 Rebhühner
1 Grünkohl/Wirsing
2 Zwiebeln

2 Karotten
100 g frisch gepökeltes Schweinefleisch
(Petit Salé) in Würfeln
5 Knoblauchzehen

* Den Kohl vierteln. Den Strunk in der Mitte entfernen und die dunkelgrünen Blätter beiseite legen. Die hellen Blätter mit den dünnen Zwiebel- und Karottenscheiben und dem angeschwitzten Petit Salé langsam schmoren. Im Ofen bei 130-150 °C (Thermostat 4-5) 2 Stunden garen lassen.
* Die Rebhühner mit den Knoblauchzehen braten, 5 Minuten auf jedem Flügel und 5 Minuten auf dem Rücken. Die Rebhühner gute 10 Minuten ruhen lassen, von den Knochen lösen, das Rebhuhnfleisch in dem fetten Saft, den das Geflügel gezogen hat, beiseite stellen. Sollten die Keulen noch etwas rosa sein, können sie noch einmal leicht gegrillt werden.
* Die Karkasse brechen und davon einen guten Sud herstellen. Hierzu die Karkasse anbraten und dann mit Wasser bedecken. Kochen lassen, bis die Flüssigkeit zur Hälfte reduziert ist, den Sud durch ein Sieb geben und beiseite stellen.
* In der Zwischenzeit mit Hilfe eines 3 bis 4 cm hohen Rings mit einem Durchmesser von 5 cm eine Kohl-Chartreuse herstellen. Die Formen mit den dunkelgrünen Kohlblättern auskleiden. Langsam im 150 bis 160 °C (Thermostat 5-6) heißen Ofen schmoren
* In der Mitte des Tellers oder der Platte das Rebhuhnfleisch anrichten, die Keulen und die Chartreuse an der Seite und den heißen Sud rundherum.

Hierzu passt ein guter Châteauneuf-du-Pape oder ein roter Gigondas.

Hasenpfeffer

FÜR 6 BIS 8 PERSONEN

Zutaten :

1 Hase

1 Liter guter Rotwein (Gigondas oder Châteauneuf-du-Pape)

2 Karotten

2 Zwiebeln

6 Knoblauchzehen

1 Stange Staudensellerie

3 Gewürznelken

6 Wacholderbeeren

3 Esslöffel Mehl

Thymian, Lorbeer, Olivenöl, Salz, Pfeffer

Beilage

150 g kleine Silberzwiebeln

150 g frisch gepökeltes Schweinefleisch (Petit Salé)

200 g Champignons

- Den Hasen in große Stücke schneiden, die Leber beiseite stellen, nachdem Sie die Galle entfernt haben, das eventuell im Innern noch vorhandene Blut auffangen.
- Die zu marinierenden Stücke zu den Zwiebeln, den Karotten, dem gewürfelten Sellerie, dem Knoblauch, den Gewürznelken, dem Wacholder, dem Thymian und dem Lorbeer geben. Alles mit Wein bedecken. Kühl stellen und einen Tag in der Marinade ziehen lassen.
- Am nächsten Tag die Marinade von den Stücken abtropfen lassen, Marinade aufbewahren. In einer großen Kasserolle das Gemüse mit dem Olivenöl anbraten und in einer Pfanne die Hasenstücke anbräunen. Zu dem Gemüse in die Kasserolle geben.
- Das Mehl hinzugeben, alles gut umrühren, die Wein-Marinade zugeben, salzen und pfeffern und 2 Stunden bei geringer Hitze kochen lassen.
- In der Zwischenzeit die Leber fein hacken und mit dem verbliebenen Blut mischen.
- Nach dem Garen die Stücke herausnehmen und die Soße abschmecken. Sollte die Soße noch etwas zu sauer sein, noch einmal einige Minuten aufkochen.
- Außerdem eine Beilage zubereiten: 150 g kleine, leicht angegarte und gebräunte Silberzwiebeln, 150 g in kleine Würfel geschnittene Petit Salé, blanchiert und gebraten, damit sie schön knusprig sind, 200 g geviertelte Champignons, ähnlich groß wie die kleinen Zwiebeln.
- Geben Sie diese als „Grand-mère" bezeichnete Beilage zu den Hasenstücken. Im letzten Moment die Leber und das Blut zur Soße hinzugeben, die dadurch abbindet und eine schöne schwarze Farbe erhält. Über die Stücke geben und das Ganze leicht erhitzen.
- Achten Sie darauf, dass das Ganze nicht kocht, da das Blut ansonsten kleine Klümpchen bildet, was sehr unvorteilhaft wäre. Reichen Sie zu diesem wundervollen Gericht in Dampf gegarte Kartoffeln oder frische Nudeln.

Zum Kochen verwendet man am besten junge Hasen mit einem Gewicht von 2,5 bis 3 kg. Für den Hasenpfeffer sind dagegen Hasen, die über ein Jahr alt sind und 4 bis 5 kg wiegen, fast noch besser geeignet.

Lammragout Avignon

FÜR 6 PERSONEN
Zutaten :
1 entbeinte Lammkeule
8 bis 10 Speckstreifen
Marinade
10 cl Olivenöl pro Liter Wein
Rotwein
3 Karotten

5 Zwiebeln
6 Knoblauchzehen
1 Petersilienstängel
250 g Bauchspeck
Getrocknete Orangenschale
Thymian
Lorbeer
Salz, Pfeffer

* Eine entbeinte Keule in viereckige, je etwa 90 g schwere Stücke schneiden.
* Durch jedes Stück in Richtung der Fleischfaser einen mit Gewürzsalz gewürzten Speckstreifen ziehen.
* Die Stücke für 2 Stunden in einer Marinade ziehen lassen, die Sie aus 10 cl Öl pro Liter Wein, Karotten und zwei in dünne Scheiben geschnittenen Zwiebeln, vier Knoblauchzehen, Thymian, Lorbeer und Petersilienstängel zubereiten.
* Drei gehackte Zwiebeln mit zwei zerdrückten Knoblauchzehen vermischen. 250 g in feine Würfel geschnittenen Bauchspeck blanchieren.
* 250 g frische Speckschwarte in 2 cm lange Würfel schneiden und blanchieren.
* Ein Bund Petersilie mit einer getrockneten Orangenschale in der Mitte vorbereiten.
* Den Boden und die Wände einer tiefen, glasierten Tonschüssel mit dünnen Speckscheiben auslegen, die Lammstücke abwechselnd mit den Zwiebeln, dem Speck und der Speckschwarte hineinschichten und jede Schicht Fleisch mit Thymian und Lorbeerpulver bestreuen.
* Das Bund in die Mitte legen und jede Schicht leicht würzen.
* Die durch ein Sieb passierte Marinade angießen, die Tonschüssel schließen und den Deckel mit Küchengarn fixieren, damit nicht zu viel Dampf entweicht.
* Zunächst auf dem Herd erhitzen, dann für 5 Stunden im Ofen bei milder und unbedingt während des gesamten Garvorgangs gleichbleibender Hitze garen.
* Kurz vor dem Servieren den Deckel von der Schüssel nehmen, die Speckscheiben entfernen, entfetten und das Bund entnehmen.
* Das Lammragout wird in der Tonschüssel serviert.

Aufgrund der langen Garzeit wurde dieses Gericht früher im Kamin zubereitet. Wer aber ein bisschen Zeit investiert und Ragouts mag, der wird dieses Rezept zu schätzen wissen.

Lammkuchen mit Auberginen

FÜR 8 PERSONEN

Garzeit: 2,5 Stunden

Zutaten :

1,2 kg Lammhals ohne Knochen
(die Knochen für den Sud beiseite
legen)
8 schöne, gut reife Tomaten
6 schöne, gut reife Auberginen

2 Zucchini
1 Knoblauchzwiebel
2 große Zwiebeln
1 Glas trockener Weißwein
Thymian
Lorbeer
Olivenöl
Salz, Pfeffer

* Den Lammhals zu Lammragout verarbeiten und aus den Knochen einen Sud herstellen.
* Die Stücke gleichzeitig anbraten und Zwiebeln, Knoblauch, Thymian und Lorbeer hinzufügen.
* Die Zucchini und die Tomaten würfeln. 2 Stunden mit dem Weißwein auf kleiner Flamme kochen.
* Die Auberginen längs in dünne Streifen schneiden, in schwimmendem Olivenöl braten und anschließend kleine runde Formen (die einzeln serviert werden) oder eine große flacheAuflaufform (für die ganze Familie) damit auskleiden.
* Das Ragout in die Mitte geben, mit den restlichen Auberginenstreifen bedecken.
* 30 Minuten bei geringer Hitze fertig garen.
* Mit dem Lammsud servieren, den Sie mit einigen Knoblauchzehen binden.

Lammcarré mit grobem Salz

FÜR 2 PERSONEN
Zutaten :
1 Lammcarré mit 6 Rippen
   (vom Metzger vorbereiten und sich die
   Knochen mitgeben lassen)
1 Zwiebel

1 Karotte
3 Knoblauchzehen
Thymian
Lorbeer
Grobes Salz

* Die Knochen auf ein Backblech legen. Den Ofen auf 210 °C (Thermostat 7) vorheizen und die Knochen bräunen.
* Sobald sie schön braun sind, das Lammcarré mit dem groben Salz einreiben und (mit der Haut nach oben) auf die Knochen legen. Im immer noch heißen Ofen 10 Minuten lang garen, begießen, damit es eine schöne Farbe erhält und weitere 5 Minuten im Ofen lassen.
* Dann aus dem Ofen nehmen und 15 bis 20 Minuten auf einer Platte ruhen lassen und von Zeit zu Zeit wenden, damit das Blut von allen Seiten zirkulieren kann.
* In der Zwischenzeit das Backblech vom Fett befreien und Zwiebeln, Karotten und Knoblauch anbraten. Wasser zugeben, damit sich ein Sud bildet, Thymian und Lorbeer hinzufügen und eine gute halbe Stunde kochen lassen. Den Sud durch ein feines Sieb passieren.
* Das Carré tranchieren, den Sud darübergeben und dann servieren. Sollte das Carré abgekühlt sein, vor dem Tranchieren erneut erhitzen.

Lamm wird in der Provence traditionell an Ostern serviert.
Das Osterlamm darf nicht zu fett und nicht rosa sein, sondern fast weiß und mit etwas Petersilie zubereitet.

Rinderbacke

FÜR 6 PERSONEN
Garzeit: 4 Stunden
Zutaten :
1,2 kg Rinderbacke
100 g Karotten
100 g Zwiebel
200 g Schalotten

150 g Silberzwiebeln
150 g Champignons
150 g Knoblauch
1 Liter Châteauneuf-du-Pape
Mehl
Kräutersträußchen

- Die Rinderbacken von Nerven und Fett befreien und anschließend in der Pfanne anbraten. Beiseite stellen.
- Die gestifteten Karotten, die in dünne Scheiben geschnittenen Zwiebeln, die Schalotten und die halbierten Knoblauchzwiebeln anbraten. Die Rinderbacke hinzugeben und dann mit Mehl bestäuben.
- Den Châteauneuf-du-Pape hinzugießen und mit Wasser auffüllen, bis das Ganze bedeckt ist, das Kräutersträußchen hinzugeben und bei 150 °C (Thermostat 5) für 4 Stunden in den Ofen schieben.
- Nach dem Garen die Fleischstücke entnehmen, die Soße passieren und dann reduzieren, bis sie leicht dick ist.
- Die zuvor braun gegarten, kleinen Zwiebeln, sowie die gebratenen Champignons hinzugeben.
- Gut heiß über das Fleisch geben.

Zu diesem Gericht passt ein Kartoffelpüree nach Hausfrauenart oder Nudeln, denn die Soße ist sehr würzig. Reichen Sie hierzu einen Châteauneuf-du-Pape.

Schweinebug mit Linsen

FÜR 6 BIS 8 PERSONEN
Zutaten :
1 leicht gesalzener Schweinebug
500 g grüne Linsen
1 Karotte
1 mit 3 Nelken gespickte Zwiebel

3 Knoblauchzehen
1 Kräutersträußchen (Thymian, Lorbeer,
 Staudensellerie)
Olivenöl
Einige Tropfen Essig

- Den Bug in klarem Wasser 2 oder 3 Stunden leicht entsalzen. Mit dem Knoblauch, der Karotte, dem Kräutersträußchen und der Zwiebel in eine große Kasserolle geben. Wasser hinzugießen, bis alles bedeckt ist und so 2 Stunden bei geringer Hitze garen, wobei das Wasser leicht aufwallen sollte.
- Die Linsen in eine zweite Kasserolle geben und sie im Kochwasser des Schweinebugs garen. Nicht zu lange kochen lassen, nur etwa 15 bis 20 Minuten, damit sie noch ein bisschen Biss haben. Die gegarten Linsen abtropfen lassen. Aus dem Kochwasser lässt sich eine sehr leckere klare Linsenbrühe machen.
- Einige Tropfen Essig und einen kräftigen Schuss Olivenöl hinzufügen.
- Den Bug von den Knochen lösen (das dürfte sehr leicht gehen) und mit ein bisschen Senf heiß servieren. Einfach lecker!

Dieses Rezept eignet sich als großes Familienessen oder für ein Essen mit Freunden. Es lässt sich bereits vorher zubereiten. Dieses deftige Gericht ist genau das Richtige für eine gesellige Runde.

Schweinecarré mit Chorizo

FÜR 8 PERSONEN
Zutaten :
1 Carré mit 6 Rippen
200 g kräftige Chorizo in Scheiben
1 Zwiebel

1 Karotte
6 Knoblauchzehen
Thymian
Lorbeer
Salbeizweig

* Das Schweinecarré am besten vom Metzger vorbereiten lassen. Bitten Sie ihn darum, die unteren Knochen zu entfernen und die Knochenenden so vorzubereiten, dass man sie beim Tranchieren gut festhalten kann.
* Zum Backen im Ofen ein tiefes Backblech verwenden. Die Zwiebeln leicht braun anbraten, die Karotten und den Knoblauch hinzufügen, dann das Carré hinzugeben und bis zur halben Höhe Wasser angießen. Thymian, Lorbeer und Salbei hinzufügen. Die Oberseite leicht salzen und pfeffern und in den 200 bis 210 °C (Thermostat 6-7) heißen Ofen schieben. Je nach Größe 45 Minuten bis 1 Stunde garen lassen und ab und zu wenden. Gibt man viel Wasser hinzu, bleibt das Fleisch saftiger und wenn der Ofen nicht so heiß ist, nimmt es trotzdem Farbe an.
* In der Zwischenzeit die Chorizo-Scheiben auf zwei Backblechen verteilen und sie im heißen Ofen grillen. Sie müssen ganz knusprig werden und ihr ganzes Fett verlieren.

Als Beilage zu diesem Schweinecarré eignet sich das nachfolgende Rezept für Kartoffelpüree mit Oliven.

* Pro Person 150 g Roseval- oder Belle de Fontenay-Kartoffeln verwenden. Schälen, in große Würfel schneiden und zum Kochen bringen.
* Mit leicht gesalzenem Wasser aufgießen, bis die Kartoffeln bedeckt sind. Anschließend bis zur halben Höhe mit süßer Sahne auffüllen und noch einmal bis zur Hälfte einkochen lassen. Die Kartoffeln müssen gut durchgegart sein und bereits fast zu Püree zerfallen.
* Am Schluss mit einer Gabel zerdrücken und 20 bis 30 g gehackte schwarze Oliven hinzugeben.
* Sobald das Schweinecarré gar ist, schöne Koteletts abschneiden, mit den Chorizoscheiben bestreuen, die eine gewisse Schärfe mitbringen und das Püree dazu servieren.

Gemüse

Frühlingsgemüse mit Sauce Poulette (Zitronen-Kräuter-Soße)

FÜR 6 PERSONEN
Zutaten :
1 kg Erbsen
1 kg Zuckererbsen
1 kg lila Artischocken
2 kg Spargel oder 1 kg Spargelspitzen
1 kg junge Karotten
1 Staudensellerie
1 Liter heller Fond
3 Eigelbe
50 cl Creme Fraiche
100 g Butter
Saft von 1 Zitrone
Kräuter

- Das Gemüse waschen und schälen. Die Artischockenböden rundum beschneiden und in vier Stücke teilen. Für eine appetitliche Präsentation Sellerie und Karotten in ungefähr gleich große Stücke schneiden. Getrennt in Salzwasser kochen und gut mit Eiswasser abschrecken.
- Die Sauce Poulette zubereiten. Den hellen Fond zum Kochen bringen und auf die Hälfte einkochen lassen. Mit der Creme Fraiche vermischen. Zum Kochen bringen und die Eigelbe unterrühren wie bei einer Englischen Creme.
- Bei schwacher Hitze und unter ständigem Rühren weiter erhitzen - die Soße darf nicht kochen. Nach und nach die Butter zugeben. Zitronensaft und Kräuter hinzufügen.
- Das Gemüse etwas anwärmen und mit der Soße vermischen.

In einer Schale serviert und mit einem weißen Châteauneuf du Pape ist dieses Rezept eine erstklassige Vorspeise.

Artischocken „Barigoule"

FÜR 6 PERSONEN
Garzeit : 20 bis 30 Minuten
Zutaten :
12 lila Artischocken
2 Karotten
2 Zwiebeln

1 Knoblauchzwiebel
1 Staudensellerie
1 Bund Basilikum
Olivenöl
Thymian
Lorbeer
Heller Fond

* Die Artischocken rundum beschneiden, die hellen Blätter zur Seite legen.
* Eine Matignon (Gemüsegarnitur) aus den Karotten, Zwiebeln und dem Sellerie zubereiten.
* Aus den weißen, fein gehackten Blättern ein Frikassee herstellen.
* Die Artischockenböden füllen. Im hellen Fond mit grob gehacktem Knoblauch, Thymian und Lorbeer schmoren.
* Je nach Größe 20 bis 30 Minuten kochen lassen. Fond abgießen.
* Den Sud einkochen lassen. Das gehackte Basilikum hinzufügen. Eventuell nachwürzen.

Dieses Gemüse ist typisch für die Mittelmeerregion. Angeblich stammen die Artischocken ursprünglich aus Sizilien. Wie dem auch sei, meinen Dank an Catherine de Medici, die dieses Gemüse zu uns gebracht hat.
Ich spreche hier nur von den lila Artischocken und den kleinen Strauchartischocken, die wir roh mit etwas grobem Salz und Olivenöl verzehren.

Ratatouille

FÜR 10 PERSONEN

Zutaten :

2 kg Tomaten

600 g Auberginen

100 g Zucchini

4 große Zwiebel

4 grüne Paprikaschoten

6 Knoblauchzehen

Thymian, Lorbeer, Olivenöl ,Salz, Pfeffer

- Alle Gemüse in kleine Würfel schneiden, mit den Paprikaschoten beginnen. In viel Wasser einige Minuten lang blanchieren (dadurch werden sie bekömmlicher).
- Auberginen und Zucchini in gleichgroße Stücke schneiden und in der gut heißen Pfanne mit Olivenöl anbraten. Sie müssen ein wenig Farbe bekommen. Zum Abtropfen in ein Sieb geben, denn diese Gemüse (vor allem die Auberginen) saugen viel Öl auf. Dieses Öl aufbewahren, um daraus Vinaigrettes herzustellen. Es ist sehr aromatisch und hat einen wunderbaren Geschmack.
- In der Zwischenzeit die Tomaten häuten und grob zerkleinern. Haut und Kerne entfernen, grob mit einem großen Messer hacken.
- Zwiebel hacken und in einem großen Topf anschwitzen, bis sie fast glasig sind. Die Tomaten hinzugeben und fast komplett einkochen lassen. Knoblauch, Thymian, Lorbeer, Salz und Pfeffer hinzufügen.
- Alle Gemüse vermischen: Zucchini, Auberginen, Paprikaschoten, Tomaten. Einige Minuten kochen lassen.

Die Ratatouille muss ihre schöne Farbe beibehalten, knackig sein und vor allem ein gutes Aroma haben. Sie ist ein idealer Begleiter für gegrillten Fisch und kaltes Bratfleisch. Die Ratatouille kann auch als Vorspeise mit einigen Scheiben Toastbrot oder mit Eiern gereicht werden.

Dazu passt Rotwein wie z. B. Domaine de la Présidente de Sainte-Cécile-les-Vignes.

Das beliebte provenzalische Gemüsegericht Ratatouille ist im Sommer überall in den Kühlschränken anzutreffen. Sie wird heiß oder kalt verzehrt, und das Gemüse kann auf verschiedene Art geschnitten werden. Für die Puristen müssen es große Würfel sein. In der zeitgenössischen Küche schneidet man es eher in kleine Würfel und lässt es nicht zu lange kochen. Das Gemüse hat so mehr Aroma und bewahrt vor allem eine schöne Farbe.

Es gibt noch eine weitere Art der Zubereitung für dieses herrliche Gericht. Die soge-nannte „Bohémienne" (Esmeralda für die Liebhaber von Victor Hugo und Notre-Dame von Paris).

Verwenden Sie die gleichen Anteile für die Ratatouille und fügen Sie zwei in der glei-chen Größe wie die anderen Gemüsesorten zerkleinerte Fenchelknollen hinzu. Wie die Paprikaschoten blanchieren und dann in der gleichen Weise für die Fertigstellung vor-gehen. Das Gemüse im heißen Backofen bei 150 °C (Thermostat 5) breiig kochen. 5).

Der Fenchel sorgt für frisches Anisaroma.

Dieses Rezept ist sehr erfrischend und lässt sich gut mit einem Tavel-Rosé, Domaine du Vieux-Relais, kombinieren.

Tomaten
nach provenzalischer Art

FÜR 4 PERSONEN
Garzeit : 20 bis 30 Minuten
Zutaten :
8 schöne und reife Tomaten
50 g Knoblauch

1 Bund glatte Petersilie
150 g Weißbrotkrume
Olivenöl
Thymianblüten
Salz, Pfeffer

Mein Rezept

* Den Backofen auf 150-160 °C (Thermostat 5-6) vorheizen.
* Knoblauch und Petersilie hacken.
* Die Tomaten halbieren. Einmal kurz zusammendrücken, damit die Kerne herausspritzen (in der Provence sagt man „esquicher" für zusammendrücken).
* Die Tomaten auf ein Backofenblech oder in eine Auflaufform geben. Salzen, pfeffern und mit den Thymianblüten bestreuen.
* Petersilie und Knoblauch mit etwas Olivenöl und der Brotkrume vermischen, um eine dicke und fettige Paste herzustellen.
* Die Tomaten mit dieser Paste füllen und bei 150-160 °C (Thermostat 5-6) in den Backofen stellen. 20 bis 30 Minuten backen.

Ich mag diese Tomaten gerne gut gegart, aber nicht zusammengefallen, wie das von manchen bevorzugt wird. Ich ziehe es vor, wenn sie noch ein wenig saftig im Inneren sind.
Die Tomaten nach provenzalischer Art werden heiß mit einem guten, kühlen Rosé gegessen. Einfach und lecker!

Es gibt an die dreißigtausend Rezepte für Tomates à la Provençale. Alle Mütter und Großmütter haben ihr eigenes Rezept. In jeder Familie bzw. in jedem Haus ist ein spezielles Rezept vorhanden, und jeder schwört, sein Rezept ist nicht nur das einzig Echte, sondern auch das Beste - und selbstverständlich hat jeder Recht!

Um schwere Familienkonflikte zu vermeiden, sehe ich mich daher gezwungen, Ihnen diese andere Art der Zubereitung der Tomates à la Provençale nachstehend anzubieten. Auf diese Art zubereitet setzen sie den besonderen Akzent bei gegrilltem Fleisch oder Fisch.
Sie werden im Allgemeinen heiß verzehrt, aber so mancher der alten provenzalischen Einwohner verteilte sie mit Vorliebe zum Frühstück kalt und mit einem Schuss Olivenöl auf einem knusprigen Baguette. Für die Zubereitung wird eine große Pfanne mit dickem Boden (oder zwei kleinere Pfannen) benötigt.

Weiße Rüben, in Balsamico-Essig eingelegt ▸

FÜR 6 PERSONEN
Zutaten :
12 kleine runde weiße Rüben

25 cl Balsamico-Essig
2 Löffel Olivenöl
Salz, Pfeffer

- Die Rüben schälen. Achtung, im Winter haben sie eine besonders dicke Schale, daher großzügig schälen.
- In dicke Scheiben schneiden und in leicht gesalzenem Wasser lange genug blanchieren.
- Den Essig in einem ausreichend großen Kochtopf auf die Hälfte einkochen lassen. Die Rübenscheiben hineingeben und kochen, bis kein Essig mehr vorhanden ist und sie schwarz geworden sind.
- Noch ein wenig Pfeffer und Olivenöl, und die Sache ist geritzt.

Hier haben Sie ein ursprüngliches und geschmacklich sehr gutes Gemüse. Die Rübe nimmt nicht mehr den bedeutenden Platz in der Küche ein, den sie früher hatte. In unseren traditionellen Gerichten der Provence wird sie sehr wenig verwendet, aber ich schätze sie sehr, vor allem die kleine runde Rübe. Dieses Rezept bringt sie sehr gut zur Geltung. Eine hervorragende Beilage für rotes Fleisch oder gegrillten Fisch.

Rote oder grüne Paprikaschoten mit Olivenöl

Im Sommer, wenn es die Paprikaschoten im Überfluss gibt, sind sie in Olivenöl zubereitet eine äußerst leckere Speise. Sie können zu einem Aperitif oder als Beilage zu Terrinen und Salaten serviert werden.

- Verwenden Sie rote oder grüne Paprikaschoten. Halbieren, die Kerne entfernen und mit der offenen Seite nach oben auf ein Backblech legen. Salzen und pfeffern, mit dem Öl beträufeln und in den sehr heißen Backofen bei 200-210 °C (Thermostat 6-7) stellen, bis die Haut rissig wird und sich fast schwarz färbt.
- Herausnehmen und mit einem Tuch abdecken. So lassen Sie sich leicht häuten.
- In eine flache Schüssel geben und mit dem Olivenöl, etwas Knoblauch und einigen Thymianzweigen bedecken.
- Davon kann man jederzeit - mit gegrillten Landbrotscheiben - essen.

Magali-Zucchini ▸

FÜR 6 PERSONEN
Zutaten :
6 kleine Zucchini
3 schöne reife Tomaten

2 Zwiebeln
3 Knoblauchzehen
Thymianblüten, 1 Lorbeerblatt
Olivenöl, Salz, Pfeffer

✦ Die Zwiebel in feine Lamellen schneiden, die Knoblauchzehen, Thymianblüten und den Lorbeer hacken und auf ein Backblech legen.

✦ Die Zucchini fächerförmig einschneiden. In die Zwischenräume jeweils eine Tomatenscheibe stecken.

✦ Auf das Zwiebelbett legen; salzen, pfeffern, mit Olivenöl beträufeln und im heißen Backofen bei 180 °C (Thermostat 6) backen.

Sehr gut als Beilage zu einem Rippenstück vom Lamm mit Petersiliensoße oder in der Pfanne gebratenen Kalbskoteletts geeignet. Die südländische Zucchini gibt es in länglicher oder runder Form. Im Norden ist sie erst seit rund fünfzig Jahren bekannt. Dort wird sie im Gegensatz zu den Gepflogenheiten im Süden auch gerne geschält.

Runde gefüllte Nizza-Zucchini

FÜR 6 PERSONEN
Zutaten :
6 runde Zucchini à 80 bis 100 g
1 gehackte Zwiebel
2 gehackte Knoblauchzehen

30 g Majoran
2 Eigelbe
2 Esslöffel Crème double
Olivenöl

✦ Ein Drittel der Zucchini vom Stielansatz her abschneiden. Mit einem Löffel aushöhlen (vorsichtig, um die Wand nicht zu zerstören). Mit den Deckeln in Salzwasser blanchieren.

✦ In der Zwischenzeit die Zwiebel mit etwas Olivenöl anschwitzen. Wenn sie beginnt, glasig zu werden, das Zucchinifleisch und den Knoblauch hineingeben und sanft köcheln lassen, bis die Masse eingekocht ist. Oft umrühren, damit eine püreeartige Masse entsteht. Den Rahm hinzufügen.

✦ Noch etwas, bis fast auf die Hälfte, einkochen lassen. Abkühlen lassen, die beiden Eigelbe unterziehen und nachwürzen. Den gehackten Majoran hinzufügen.

✦ Die gut mit einem Tuch oder Küchenpapier abgetrockneten Zucchini füllen. Die Deckel aufsetzen und im Ofen bei 160 °C (Thermostat 5-6) backen. Mit Öl beträufeln und 2 bis 2,5 Stunden im Backofen backen. Die Füllung ist gar, wenn sie die Konsistenz eines Flans hat.

Sowohl heiß mit einer Kräuter-Vinaigrette oder auch kalt ein Genuss. Auch als Beilage zu großen Fleischstücken, wie zum Beispiel Rumpsteak, geeignet.

Gebackene Zucchini ▶ und Tomaten

FÜR 6 PERSONEN
Garzeit : 3 bis 4 Stunden
Zutaten :
6 schöne lange Zucchini à 100 bis 150 g

1 kg schöne und reife Tomaten
1 Knoblauchzehe
Olivenöl
Thymian
Salz, Pfeffer

- Die Tomaten häuten, in Viertel schneiden und die Kerne entfernen. Abtropfen lassen.
- In der Zwischenzeit die Zucchini längs in ca. 1 cm dicke Scheiben schneiden.
- Den Knoblauch auf dem Boden einer feuerfesten Form zerstoßen und mit den Thymianblüten bestreuen.
- Abwechselnd eine Reihe Zucchini und eine Reihe Tomaten in die Form schichten. Mit Olivenöl beträufeln und 3 bis 4 Stunden bei 120 °C (Thermostat 4) im
- Backofen backen.

Die Zubereitung dieses für den Sommer sehr angenehmen Gerichts ist sehr einfach. Es kann heiß und kalt verzehrt werden.

Zucchini-Pfanne mit Majoran

FÜR 6 PERSONEN
Garzeit : 3 bis 4 Minuten
Zutaten :
4 kleine feste Zucchini

1 fein gehackte Schalotte
15 g Majoran
Olivenöl
Salz, Pfeffer

- Zucchini in Stifte von 3 cm Länge und 1 cm Breite schneiden. In einer Pfanne in gut heißem Olivenöl anbraten, um sie gut anzubräunen.
- Die fein gehackten Schalotten hineingeben, einige Male wenden und dann den gehackten Majoran hinzufügen.
- In einem Sieb abtropfen lassen, um das Fett zu entfernen und gut heiß servieren.

Die Zucchini wird oft als fades Gemüse bezeichnet. Mit diesem Rezept werden Sie Ihre Freunde verblüffen.
Schnell zubereitet und als Beilage zu Fleisch und Fisch geeignet.

Zuckererbsenragout mit Speck ▶

FÜR 6 PERSONEN
Zutaten :
1 kg Zuckererbsen
100 g frischer gewürfelter Speck
2 Zwiebeln

4 Knoblauchzehen
50 cl Rinderbratensaft
5 cl Olivenöl
50 g eingelegte Tomaten
Salz, Pfeffer

- Den Speck und die gehackten Zwiebeln mit Olivenöl andünsten. Knoblauch und Zuckererbsen mit 50 cl Rinderbratensaft „Chef" hinzufügen und bei schwacher Hitze 10 Minuten köcheln lassen. Salzen und pfeffern.
- Die Zuckererbsen in die Mitte einer Platte geben und den Rinderbratensaft mit den eingelegten Tomaten ringsherum anordnen.

Auberginenrolle mit Tomaten

FÜR 6 PERSONEN
Garzeit : 3 bis 4 stunden
Zutaten :
5 schöne Auberginen

500 g grob zerkleinerte Tomaten
10 g Estragon
Olivenöl
Salz, Pfeffer

- Die Auberginen längs in Scheiben schneiden. Salzen und einige Stunden entwässern. Anschließend mit frischem Wasser abspülen, trocknen und in einer großen Friteuse frittieren (nicht zu stark, damit sie nicht zu trocken werden). Auf Küchenpapier oder einem sauberen Tuch abtropfen lassen.
- Die grob zerkleinerten und gut trocken getupften Tomaten mit dem Estragon aromatisieren und eventuell nachwürzen.
- Die Tomatenmasse sorgfältig auf die Auberginenscheiben verteilen und dann aufrollen. In eine feuerfeste Form legen. Mit etwas Olivenöl bestreichen und im Ofen erhitzen.

Dieses Gericht wird bei uns „Provenzalisches Menü" genannt.

Tomaten-Auberginen-Mozzarella-Millefeuille

FÜR 6 PERSONEN
Zutaten :
8 Saint-Pierre-Tomaten
4 Auberginen
200 g Mozzarella
50 cl Olivenöl

Knoblauch
Schalotte
Thymian
Lorbeer
Grob zerstoßener Pfeffer

* Die Auberginen in Scheiben schneiden. Im Olivenöl anbraten. Von beiden Seiten gut anbräunen.
* Tomaten in Scheiben schneiden und in einer Pfanne kräftig anbraten. Zuletzt gehackten Knoblauch und Schalotte, einige Thymianzweige und ein pulverisiertes Lorbeerblatt hinzugeben.
* Auberginen- und Tomatenscheiben abwechselnd ringförmig anordnen. Im heißen Backofen bei 150 °C (Thermostat 5) 30 Minuten backen.
* Den Bratensaft leicht mit Olivenöl aufschlagen. Mit Mozzarella bedecken und überbacken.

Dieses Gericht wird ohne Beilage als heiße Vorspeise oder sogar kalt mit einer Vinaigrette verzehrt. Ein guter Rosé oder ein leichter Rotwein passt ausgezeichnet zu dieser Speise.

Kardonen mit Rahm und Anchovis

FÜR 6 BIS 8 PERSONEN
Zutaten :
1 kg Kardonen
1 Liter Creme Fraiche

200 g Gruyere, gerieben
6 Anchovisfilets
Muskat
Salz, Pfeffer

- Die Kardonen wie weiter oben beschrieben kochen. Eine oder auch zwei große Stauden ergeben 1 Kilo Kardonen, denn es entsteht sehr viel Abfall.
- Die Anchovisfilets in einem ausreichend großen Topf mit etwas Wasser unter ständigem Umrühren mit einem Holzlöffel zergehen lassen. Wenn sie die Konsistenz einer Paste erreicht haben, die Creme Fraiche hinzugeben und aufkochen.
- In der Zwischenzeit die Kardonenstiele in eine Auflaufform legen. Wenn die Creme auf die Hälfte eingekocht ist, nachwürzen und über die Kardonenstiele geben. Mit dem Gruyere bestreuen.
- Im Backofen 15 bis 20 Minuten bei 160 °C (Thermostat 5-6) fertig garen.

Das Gratin muss eine schöne goldbraune Farbe haben. Hervorragend als Beilage zu Keulen oder zu einem Brathähnchen.

Die Kardone ist ein traditionelles Weihnachtsgericht in der Provence. Es ist ein Mittelmeergemüse, das bei uns noch wild wächst und 1,50 bis 2 m Höhe erreichen kann. Sie gehört zur Familie der Artischocken und ist auch unter dem Namen Cardy, Karde oder Gemüseartischocke bekannt. Sie hat die gleiche Blüte. Wir befassen uns hier aber mit Kardonen aus dem Anbau, die nach den ersten Nachtfrösten gut essbar sind. Es werden nur die Stiele verzehrt, nachdem diese geschält wurden. Dabei werden die Finger ziemlich schwarz. Die Stiele werden in kleine Stifte geschnitten und in Zitronenwasser getaucht, damit sie sich nicht schwarz färben. Nach dem Vorbereiten werden sie immer in Wasser gekocht.

Geschmorter Safran-Fenchel

FÜR 6 PERSONEN
Garzeit : 2 Stunden
Zutaten :
6 Fenchelknollen
2 Zwiebeln
1 Karotte
2 Knoblauchzehen

25 cl Weißwein
1 g Safran
Thymian
Lorbeer
Olivenöl
Salz, Pfeffer

* Die Fenchelknollen halbieren. Die harten Blätter entfernen (man kann sie zur Zubereitung einer Creme oder Suppe verwenden). Ausgiebig in Salzwasser blanchieren. Abschrecken.
* In der Zwischenzeit die Zwiebeln und die Karotte in kleine Würfel von 3 mm Seitenlänge schneiden. Die Knoblauchzehen zerdrücken, alles zusammen in wenig Olivenöl in einer flachen Kasserolle, die groß genug ist, um die Blätter aufzunehmen, anbraten.
* Wenn alles gut angeschwitzt ist, die Knollen hineingeben. Sorgfältig nebeneinanderlegen und vor allem nicht übereinander. Thymian und Lorbeer hinzufügen. Mit dem Weißwein ablöschen, mit welchem zuvor der Safran angerührt wurde, und dann alles mit Wasser aufgießen, bis die Knollen bedeckt sind. Zum Kochen bringen, salzen und pfeffern.
* Zudecken und im Backofen bei 180 °C (Thermostat 6) 2 Stunden sanft garen.
* Die Fenchelknollen nach beendeter Garzeit herausnehmen. Die Soße einkochen lassen, durch ein Sieb passieren und mit etwas Olivenöl glattrühren.

Eine exzellente Beilage zu gegrilltem Fisch oder weißem Fleisch.

Dieses Mittelmeergemüse war lange Zeit nur in der Umgebung von Nizza beliebt und konnte keinen großen Erfolg im restlichen Land verzeichnen. Für uns ist es ein sehr schmackhaftes Gemüse, das sowohl roh als auch gekocht, gebacken usw. verzehrt werden kann - kurz - es ist äußerst vielseitig verwendbar.
Als Beilage zu Fleisch und Fisch und sogar als ausgezeichnetes Dessert, in Zucker und einige Kräuter eingelegt, geeignet.

Desserts

Pfirsichpfännchen mit Honig, Lavendeleis

FÜR 4 PERSONEN

Zutaten :

600 g in Viertel geschnittene Pfirsiche
1 Esslöffel Lavendelhonig

Eis

50 cl Milch
6 Eigelbe
125 g Zucker
natürliches, lösliches Lavendel-Aroma in
   ausreichender Menge (nach Geschmack)

- Lavendeleis zubereiten.
- Die Pfirsiche in einer Pfanne in Butter und Honig schwenken.
- Die Pfirsichviertel rosettenartig um den Tellerrand anordnen. Mit dem restlichen warmen Honig aus der Pfanne begießen.
- Eine Kugel Lavendeleis in die Mitte der Pfirsiche setzen.

Fenchel-Sorbet ▸

FÜR 4 PERSONEN
Zutaten :
900 g Kristallzucker, fein

12 g Stabilisator
300 g getrockneter Fenchel

- Zucker, Stabilisator und den getrockneten Fenchel in einen Topf geben. Mit 1 Liter Wasser auffüllen und zum Kochen bringen.
- Sobald die Mischung kocht, vom Herd nehmen und ca. 30 Minuten ziehen lassen. Anschließend 1 Liter Wasser hinzufügen.
- Vollständig abkühlen lassen und gefrieren.

Provenzalische Schiffchen

FÜR 6 PERSONEN
Ruhezeit : 1 Stunde
Zutaten :
750 g Mehl
375 g Kristallzucker

65 g Butter
3 Eier
Schale von 1 Zitrone
Salz

- Eine Vertiefung in das Mehl drücken und den Zucker, die weiche Butter, die Zitronenschale, ein Prise Salz und die Eier hinzugeben. 10 cl Wasser untermengen, um einen homogenen Teig zu erhalten.
- Rollen in der gewünschten Größe der Schiffchen formen. In Scheiben schneiden und oval, spitz zulaufend, wie kleine Boote formen.
- Auf ein gefettetes Blech legen. Jedes Schiffchen in der Mitte einkerben und 1 Stunde ruhen lassen. Mit Eigelb bestreichen.
- Bei mittlerer Hitze im Ofen backen, bis die Schiffchen goldbraun sind.

Tomaten mit Nussfüllung ▶

FÜR 4 PERSONEN
Zutaten :
4 Tomaten
300 g Kristallzucker, fein
50 g grüne Walnüsse

50 g Mandelblättchen
50 g Haselnüsse
50 g Pinienkerne
150 g flüssige Sahne

- Tomaten enthäuten: ca. 20 Sekunden in kochendes Wasser tauchen. Anschließend in Eiswasser abschrecken und schälen.
- Deckel abschneiden und die Kerne sowie das Tomatenfleisch entfernen.
- Karamell herstellen: Zucker trocken in einem Topf erhitzen. Kochen lassen, bis ein dunkler Karamell entstanden ist.
- Flüssige Sahne hinzufügen und vermischen. Vom Herd nehmen und die Nüsse hinzufügen.
- Die Tomaten mit dem Nuss-Karamell füllen und die Deckel wieder aufsetzen.

Schoko-Trüffel

FÜR 4 PERSONEN
Zutaten :
4 Eigelbe
150 g Zucker (auf 120 °C erhitzt)

185 g geschmolzene Butter
100 g geschmolzene dunkle Kuvertüre
60 g Trüffeln
350 g geschlagene Sahne

- Eigelbe und Zucker schaumig schlagen.
- Anschließend die Butter und die geschmolzene Schokolade unterziehen.
- Die Masse vollständig abkühlen lassen.
- Zuletzt die Schlagsahne und die geriebenen Trüffeln unterziehen.

Frittierte Plätzchen

FÜR 6 PERSONEN
Zutaten :
1 kg Mehl
40 g Zucker
3 geriebene Orangenschalen
2 geriebene Zitronenschalen

1 cl Erdnussöl
Saft einer Orange
125 g aufgelöster Zucker
3 Eier
Puderzucker

- Mehl, Zucker, Eier, Orangensaft, Zitronen- und Orangenschalen miteinander vermischen und zu einem homogenen Teig verarbeiten. Anschließend die geschmolzene Butter hinzufügen.
- Den auf diese Weise zubereiteten Teig dünn ausrollen. Rechtecke ausschneiden und in dem heißen Öl frittieren. Auf Küchenpapier abtropfen lassen.
- Das Gebäck nach dem Frittieren und Abtropfen mit Puderzucker bestäuben.

Fougasse (provenzalische Brotsorte)

FÜR 6 PERSONEN
Zutaten :
125 g + 325 g Mehl
150 g Zucker
10 cl Olivenöl

1 Orange
1 Zitrone
20 g Bäckerhefe
1 Eigelb
2 Esslöffel Orangenwasser

* Am Vorabend einen Hefeteig mit 125 g Mehl, der Hefe und 8 cl Wasser zubereiten.
* Den Hefeteig über Nacht gehen lassen.
* Am nächsten Tag die Orangen- und Zitronenschalen abreiben. 325 g Mehl in eine Schüssel geben und eine Vertiefung eindrücken. Anschließend Zucker, Salz, Öl und Orangenwasser in die Vertiefung geben. Mit dem Hefeteig verkneten, bis ein homogener Teig entstanden ist. Ca. 30 Minuten gehen lassen.
* Den Teig anschließend kräftig auf die Arbeitsplatte schlagen, damit die Gärungsgase entweichen.
* Teig 1 cm dick ausrollen. Rechtecke ausschneiden und diese in der Mitte mit einem Messer einschneiden.
* Bei 180 °C (Thermostat 6) 20 Minuten im Ofen backen.

Ein provenzalisches Rezept par excellence, das bei keiner traditionellen Weihnachtsfeier fehlen darf.

Schwarzer Nougat ▶

FÜR 6 PERSONEN
Zutaten :
500 g Honig

50 g Glukose
500 g ungeschälte, geröstete Mandeln

* Den Honig mit der Glukose in einem Topf aufkochen, um einen Karamell herzustellen.
* Die heißen gerösteten Mandeln hinzufügen und mit einem Holzspachtel umrühren.
* Den Nougat auf Backpapier gießen und einige Stunden abkühlen lassen. Mit einem Sägemesser anschließend Stücke in der gewünschten Größe schneiden.

Weißer Nougat

FÜR 6 PERSONEN
Zutaten :
700 g Honig
175 g erhitzter Eischnee

400 g Glukose
800 g Zucker
30 cl Wasser
900 g geröstete ganze Mandeln

* Den gekochten Zucker (Glukose + Zucker + Wasser, erhitzt auf 140 °C) und den Honig auf den Eischnee gießen. Ständig weiterrühren, bis die Masse vollständig abgekühlt ist.
* Anschließend die heißen Mandeln hinzufügen. Die Masse sofort auf ein gut gefettetes Blech gießen und abkühlen lassen.
* Stangen in der gewünschten Größe schneiden.

Register
der rezepte

Appetithappen für den Aperitif

Suppen

Vorspeisen

Fisch

Fleisch

Gemüse

Desserts

Éditeur : Gaëlle Guilmard
Conception graphique : Brigitte Racine
Mise en pages : graph&ti, Cesson-Sévigné (35)
Impression : Imprimerie Clerc, Saint-Amand-Montrond (18)